Αίλουρος

Владимир Богомяков

У КАЖДОЙ ДЕРЕВНИ СВОЯ ЛУНА

Ailuros Publishing
New York
2017

ISBN 978-1-938781-46-9

90000

9 781938 781469

Редактор Елена Сунцова.
В оформлении обложки использовано изображение из «Чертёжной книги Сибири»
Семёна Ремезова, 1701 год.
Подписано в печать 24 февраля 2017 года.

Every Village Has Its Own Moon
Poems by Vladimir Bogomyakov
Ailuros Publishing, New York, USA
www.elenasuntsova.com

ISBN 978-1-938781-46-9

***

Этот-то город, матушка, как называется?
Только тс-с-с Богородица палец к губам приложила.
Не называется город больше никак.
На гаражных воротах нарисованный мак.
На подоконнике котик спит и молча летит самолёт.
На автомойке дедушка спит и моет машину уж год,
Но деньги вперёд.
Старенький дедушка, синий, весь в партаках.
И солнышко светит на его тюремных руках.
Тс-с-с-с, православные, больше никто ни за что не в ответе.
А города больше нет и я назову его Ветер.

***

Входя в города, в необжитые дома.
Бродя по заброшенным стройкам
Под нечистыми звёздами и несветлой луной
Или сияя после дождя на ступенях газпрома,
Я говорил неведомым спутникам,
Что всё только начинается.
Мы это чувствуем, но не видим за пеленой.
Или, как сказал апостол Павел,
«Видим как сквозь тусклое стекло, гадательно».
Так говорил я весело и безосновательно.
Потом мы пили суррогаты и ели фальсифицированные продукты.
А утром нас ожидали бесчисленные населённые пункты.

* * *

Давайте, Татьяна Викторовна, поедем кататься
На нешипованной резине.
Станем врезаться
В прохожих и магазины.
Купим себе комнатного гармониста.
Пусть он споёт, что жизнь негармонична.
Купим себе тусклое солнышко.
Пусть оно ходит около колышка.
А вечером с бутылкой рома
Поедем навестить товарища.
И купим по два квадратных метра
Верхнеборовского кладбища.

***

Сижу я на Марьином Утёсе.
У правой моей ножки сибирский кот.
У левой моей ножки московский зенненхунд.
В правой моей ноздре — Байкал.
В левой моей ноздре — Теренкуль.
На севере — Золотая Баба.
На юге — Аждарха верхом на Драконе.
На западе — Алатырь-камень.
На востоке — ходит волнами сила Мусун.

***

Ухожу с собаками погулять в ночное небо.
Там, где шутки и прибаутки.
Там разложены во тьме облака, как шоколадки.
Там, незримы, поют черногрудки
На небесных болотах.
Идём по ночному небу.
Я — в меховых ботах.

****

Доставляют на дом водку «Элементы».
Можно на дом карликов или плясунов.
Но очень часто наступают такие моменты,
Что ничего на дом не надо, кроме светлых снов.
Про то, как солнце светит и иду по дороге.
Про то, как ночью у реки разожгли костёр.
Как едят печенье с рук маленькие носороги.
А в груди один только простор, простор, простор...

***

Когда в самом начале девяностых
Возили мы на Новую Землю кокаин,
Подстрелил меня парнишка один.
Подходит каменный пароходик,
Тот, что по четвергам
Отвозит к берегам, где ничего не происходит.
И тут к моей ноге подлетает маленькая сова.
Произносит она и произносит опять,
Мол, будет жива твоя голова,
Пока не погаснет звезда № 305.
С тех пор я полюбил смотреть на звёзды,
Не выходя со своего деревенского двора.
Я каждый вечер пересчитываю звёзды,
Но не знаю, какие у них номера.

* * *

Такая уж в жизни наступает полоса,
Что выпадают все зубы и волоса.
Выпадают все мысли из головы.
И остаётся в голове нечто вроде пожухлой травы.
Так становишься как газовый шар, излучающий свет.
Становишься окончательно ушедшим поколением.
И бродишь среди равнодушных планет,
Удерживаемый силами собственной гравитации и внутренним давлением.

***

5.30 утра. 22-ое число.
Двадцать две цивилизации снегом занесло
В полях за неподвижным Ишимом.
Только звёзды тихонечко светят
В небесах со строгим режимом.
Только катятся радиоволны
С голосами пятидесяти одного беззвучного кобзона.
Катятся они вплоть до инфракрасного диапазона.
В душе что-то вроде объективной реальности
И январского сна знакомые спецэффекты.
Есть там даже вспышки молний
И какие-то астрономические объекты.

***

Я проснулся ночью один на льдине.
Облачко с края неба и облачко посередине.
На том, что с краю, стоит незрячая собака.
Нет чтобы свистнуть ей и крикнуть «мазафака».
На дне океана лежит печальная рыба.
Над ней толща воды, как чёрная глыба.
Нет чтобы ей подать иберийский знак.
Как нас учит покойный Жорж Брак.

***

Ах, эти ни на что не похожие ночи южнее посёлка Варгаши.
На земле ни души. На небе ни души.
Когда, объяснила Людка,
Ни сердца нет — ни желудка.
А сам ты — сияющий кусочек сталактита.
Такое видел однажды во сне маршал Тито,
Когда ему вдруг открылся план имманентности.
Он долго потом пребывал в безмятежности.
Так и каждый из нас мог прожить
В государстве необитаемом.
Так и каждый мог весело жить
Непродуктивным, стерильным, непотребляемым.

***

Дэвид Пирс приехал в Успенку,
Чтобы закончить свой «Гедонистический императив».
На сеновале ему приснился из тёмной материи презерватив.
Утром пришёл алкоголик Семён и сказал,
Что генетически запрограммированное благополучие —
Идея, по сути своей, сучья.
Пришла баба Варя и рассказала,
Как за счастливую куколку бабочки
Они молились с мёртвым дружком.
А куколка та всегда неподвижна,
Но иногда шевелит брюшком.
Гриха пришёл и сказал:
«А меня посредине зимы
Везла по дороге пьяного лошадь Принцесса.
В воздухе надо мной зависли херувимы,
А в теле полностью отсутствовали биохимические процессы».

***

Надел я ветровку.
Засунул в карман поллитровку.
И на берег пошёл.
Туда, где шиповник растёт.
Где мелкий сентябрьский дождь идёт.
И каждый дождливый день нас ставит на полку.
Втетерил я раз — и другой,
Да только без толку.
Водка вкуса воды с пожухлой листвой.
Подошла собака —
Шлёпает губами, словно мурлыкает потихоньку.
Я понял — не нужно смотреть, кто сейчас завис над моей головой.

* * *

Снежные поля полны забвением.
Забвением полны населённые пункты.
И тяжёлый крестьянский холодец
Позорным намёком лежит на столе,
Как штаны Чандрагупты.
Забвение вижу в окне
И засыпаю в огне.
Но чай на плите закипает.
По слогам кот газетку читает.
Копьями и стрелами коту нанесли сотни ран.
Скоро-скоро тот котик умчится в свой бессмысленный Индостан.
Наливает мне деда стакан.
Забытое лекарство от ОРЗ.
Выпьем за то, что, не помню когда, мы работали на МЧЗ.
Я позабыл, что тогда носил я рубашки в крапинку.
К девке (может быть, даже и к псу Дружку)
Не приехал в деревню Бабинку.

* * *

Помню молоденьким был, молоденьким.
Передвигался посредством жгутика в задней части.
Говорил голосом приятным и негромким.
Пил «Агдам» и говорил незнакомым девочкам «Здрасьте!».
В сердце был лёд с вкраплением частиц метеорного вещества.
Желудок был из магматических горных пород.
По телу шли непрекращающиеся волны сексуального электричества.
И однажды я выпрыгнул с третьего этажа на Новый Год.
Будущее тогда было очень прозрачным.
Таков уж был характер связи между образующими его частицами.
Вот потому однажды в пиджачке невзрачном
Я ушёл по тропинке между трансформаторными будками,
                                        пустырями и больницами...

***

У каждой деревни своя луна.
И только в деревне Кокуй ночь непроглядно темна.
Ни звёзд, ни мерцающих спутников, ни луны.
В 2006-ом тьму египетскую там наблюдали пацаны.
Наблюдали тьму египетскую и во тьме силу ебитскую.
Такая там во тьме ходила векторная физическая величина,
Что получил остановку сердца бывший старшина.
Ежели тьма такая, то никто и не увидит, как душа уплывёт.
И не станет ждать расширенья зрачков через две минуты
С утратой реакций на свет.

* * *

Дамочка ловит недобросовестного бомбилу
И предлагает ехать на озеро Горькое.
Озеро наполняет неприятная сульфатная рапа.
Они едут на юг и за посёлком Червишево
В машину подсаживается её мёртвый папа.
Он говорит, что так сожалеет, —
При жизни ни разу не обнял свою девочку.
Меж тем за окном — какая-то графика Пауля Клее.
И дамочке хочется выпить рюмашечку.
А бомбила вдруг закуривает папиросу с анашой.
Дамочка немного ругается, но водила отвечает, что уже большой.
На обочине валяются опрокинутые фуры.
Возле них бродят курганские фигуры.
Тут мёртвый папа предлагает всем ехать в город Ишим.
А бомбила гогочет и шутит, мол, вовек не спешим.
Вдруг дама видит за окном ободранную пташечку.
Она подносит ей в лапке серебряную рюмашечку.

***

«Будущее не всегда ужасно».
Так сказал мне в одной деревне старичок.
Мол, главное не бздеть и блеснить
В проруби грядущего отвесно.
Тогда один за одним придут на крючок
Геронтологический окунёк
Да танатологический судачок,
Да греховная щученька,
Да престарелая сученька.
Плюс пара небесных котофеев.
Но их можно отнести к категории случайных трофеев.

***

Подстригался мой папа у бывшей девочки Любы.
А она и говорит, что у таракана в желудке есть зубы.
Зубаст тараканий желудок, как Бонч-Бруевич.
Тараканиха смотрит в него и влюбляется навзничь.
Таракану она отдаёт самое дорогое.
С тараканом выходит она в пространство нагое.
Беспрерывно падает снег и играет музыка Шнитке.
И в полях луноликий узбек продаёт разливные напитки...

***

Эти дни морозные
Заполняла пустая сонная доброта,
Как говаривал некогда Якоб Бёме.
А ночью фотографии перешёптывались в сером альбоме.
Перешёптывались, пересвистывались, перехихикивались.
В чёрно-белых прямоугольниках
Пареньки в демисезонных пальто беззвучно перекрикивались.
Так и воткнули бы мне перо в бок
У Театра зверей имени Дурова.
Если б не знал Эдика Хачатурова.

***

Слепил психотронный генератор
В виде снеговика.
Взял и дверные ручки
Приделал ему на бока.
Пока здесь метели, морозы,
Пока здесь зима,
Двадцать четыре недели
Люди сходят с ума.
Здесь нормальные только собаки.
Да ещё, конечно, коты.
И над нами сияют Знаки
Сумасшествия и Красоты.

***

Так сижу и пью розовое вино во тьме.
Когда Черногория не верит приближающейся зиме.
Их не видно сейчас — маленькие ящерки бегают по каменистой земле.
Так я сижу и пью розовое вино во тьме.
Когда не ждут ни в Вязьме — ни в Костроме.
Их не видно — маленькие слова пробегают и кружат в моём уме.
Так сижу и пью розовое вино во тьме.
Сказано в пьесе «Перикл» — рыбы в море поступают, как люди на земле.
А незримые птицы в небе поступают, как слова в моём уме.
Так сижу и пью розовое вино во тьме.

***

Мне снова приснился пёс с белыми лапами.
Во сне я знал его имя и он ко мне подошёл.
Мы с ним прожили бесконечно долгую жизнь
И у нас всё сложилось хорошо.
Когда тела больше не оставалось,
Мы становились невнятными голосами за кадром.
Котор. Море. Покой и старость.
И согласие струн в оркестре,
Согласно словам великого Барда.

***

Человечки мои в саду живут от дождя до дождя.
Ждут, когда смертельные капли упадут и расплющат.
Потому они ночью не спят, небеса напряжённо слушают.
Не спасёт одуванчик — одуванчик сжимает шары.
Не спасёт ипомея — она вяжет цветы в узелок.
Не спасёт и звездчатка — перед дождём она венчики не раскрывает.
Так перед самым последним дождём наступает затишье.
Ибо прах ты и в прах возвратишься.
Упадут смертельные капли, и добро расплющат, и зло.
Ни вопля, ни болезни уже не будет, ибо прежнее прошло.

***

Море вливается в одно ухо — из другого выливается.
Смотрю, как Адриатическое море выливается из слухового прохода
Вплоть до последнего парохода.
Лишь в мозгу застряли морские ежи, небольшие крабы.
Да две-три голые бабы.
А одного брюхоногого моллюска
Встречали, говорят, вблизи Можайска.

***

Лёжа с собаками на соломе в снегопад,
Рифмовал я разные деревеньки невпопад.
Я чертил в воздухе ноябрьские письмена,
Лежа на соломе в непролазные времена.
Хотел я придумать что-то толковое про жизнь,
Но придумал только,
Что иногда она как асфальт, а иногда как щебёнка.
И собаки пристально и ласково смотрели на меня,
Словно на своего больного ребёнка.

***

Вышел утром к собакам
И сказал, что железные занавесы рухнули.
Ещё я им рассказал то, что прочитал про Брукнера.
Про то, как Брукнер
Уронил в гроб с телом Бетховена своё пенсне.
А, может, это было не с Брукнером и вообще было во сне.
Собаки подняли вверх морды
И увидели два облачных корабля.
И вместо того, чтобы гавкнуть, промолвили:
«Вот же, бля!»

***

Когда я был клоуном
В магнитогорском цирке,
У меня частенько отклеивался картонный нос.
А вечером на автобусной остановке
Мне встретился настоящий Дед Мороз.
Как ни странно, тогда была середина лета.
Я имитировал волчий вой, как одинокий Боз Гурд.
Вот тогда я и увидел нашу жизнь из отсутствующего центра.
Из отсутствующего центра в моём спящем мозгу.
Вот тогда я и обещал Господу никогда не просыпаться
И ставить каждой темноте свой волчий лайк.
И тогда перед смертью, может статься,
У меня будет пригоршня облаков, как обещал боксёр Майк.

* * *

Мы с Антохой резали колбасу.
Впереди был забор, хоть дело было в лесу.
Мы пили водку завода «Бенат».
И каждый из нас был ебанат.
Мы положили конец разговору
И стали из ружей стрелять по забору.
Были мы неторопки.
От забора летели щепки.
И вдруг из-за забора выехал старичок лыжник.
Бросил на нас недобрый взгляд, как чернокнижник.
Мы почувствовали себя двумя пирожками
С мясом, луком и перцем.
А вечером у Антохи стало вдруг плохо с сердцем.

***

В магазине «Cogimar»
Стоял аквариум.
А там плавала злая рыба,
Иногда цинично смеясь.
И с посетителями магазина устанавливала телепатическую связь.
Она мне сказала:
«Грядёт сентябрь.
Бесконечные хлопоты, преподавательские заботы.
Без воскресенья и без субботы.
Тысячи километров работы, работы, работы...»
Я ей ответил:
«Эх, поплыву к дельте рек По и Адидже.
Погуляю по мелководным местам.
А морским дракончикам надаю по хвостам.
И уйду в глубину, фак показывая водолазам.
А весь ваш надводный мир пусть накроется медным тазом!»

***

Приехал я в деревню Иску в Исетском районе.
И все приходили любоваться на мою красоту.
Пока деревня Иска не погрузилась в темноту.
А в сельпо продавали братский кубинский ром.
Никто не подошёл и не проколол мне нос багром.
А на участке ландшафта, характеризующемся избыточным увлажнением,
Голые девки ходили прекрасным движением.
А в глубокой и крутосклонной незадернованной ложбине
Змеи гнёздышко свили мужчине.
И жил там, как встарь, как при ельцине.

***

На том берегу реки, где Яр, где Тураева,
Где был маленький домик с картинкою над сундуком.
На картинке — рой пчёл в трупе львином и мёд.
Там такие бывают дожди, как написанный юношей бред.
И, если не взглянуть в его глаза, то можно счесть его баловником.
Такие дожди, что их увидишь, хотя бы в окно,
И всю жизнь проживёшь тихо и молчаливо.
Будешь всегда ходить возле печки,
Не говоря никакие словечки.

***

Перед тем, как ты окончательно разрушишь печень,
Осенние еропланы сядут на плечи.
И шадринская дорога, разбитая вдрызг,
Станет мокрой от шампанского, от его хмурых брызг.

Здесь когда-то стоял и вытирал брезентом лицо.
И вот на этом месте — ресторанчик «Кацо».
В тот день мне как раз втирал криминальный узбек,
Что каждый имеет свой шанс на побег.

***

Меня пригласили, чтобы научить это озеро говорить.
А раньше оно только и умело, что бурлить.
Или качать на волне мёртвую стрекозу.
Или становиться серо-чёрным в грозу.
И вот однажды солнечным летним днём
Озеро промолвило —
(Первое слово неразборчиво),
А дальше определённо «всё конём».

***

Как подсказал мне инспектор Эдмунд Рид,
Я и есть та самая бездна.
Я, конечно, усомнился, а он говорит —
«Чё ты? Железна!»
Передо мной и лица, и жизни стёрты.
Лишь надо мной крылья херувимов распростёрты.
Однако увидели личность мою плешивую
И разоблачили, как бездну фальшивую.
К телефону не подходит инспектор Рид.
А неизвестная девка отвечает, что у него гастроэнтерит.

***

Этрусский медведь был жалким графоманом.
Писал откушенными лапками грызунов в пространстве рваном.
Его хотели поймать и забить ему в жопу камней.
Но он убежал и дожил под другим именем до наших дней.
Лисица обыкновенная была жалкой графоманкой.
Писала в посевах овса и писала похищенной манкой.
Ей хотели нарушить сердечный цикл с его систолами и диастолами.
Но она перебежала границу и притворилась прикормленной туристами.
Я тоже был жалким графоманом.
Сочетал Василиска Гнедова с Томасом Манном.
Меня хотели поймать и начистить рыло.
Да только я улетел торжественно и белокрыло.

***

Линнеевская иерархия. Какие вопросы?
Мне поклонялись цветочные осы.
Словно у меня янтарный, электрический ангельский чин.
Подарила мне куколку свора ос-мужчин.
Куколка молчит и не открывает глазки.
Боится, должно быть, что загнут ей салазки.
Множество бесплодных женских рабочих ос
Принесло мне коробку мазаринских папирос.
Такие, собственно говоря, и курит их брат,
Используя жало, а не челюстной аппарат.

***

Так старичок один стал авиамоделью.
Ходил по подиуму с дрелью.
И смеялся, когда Геннадио
Управлял им по радио
С помощью псевдоесенинских стишков
Да вербальных петушков.
Носил по подиуму втуне
Смешные крылья из латуни.
Хотелось старому на лоно природы.
Вот там бы и рассеялся, как многочисленные народы.

***

Я видел подводную молнию
На дне озера Теренкуль.
Молния на миг осветила утопленника.
Он на дне лежал, словно куль.
И в глазах сероватой сентябрьской рыбы
Мерцало то, что я назвал «могучее начало».
Пьяный десантник Дима метнул бутылку
С несуществующего причала.

***

Посреди тундры стоит одинокая липа.
А под липой сортир азиатского типа.
Мишка Заяц зашёл туда как-то давно.
А там рокенролл долбает и пляшет говно.
Тогда Мишка понял, прижавшись к дощатой стене,
Что рокенролл жив, а он — уже не....

***

Утром мы вышли за пивом
Из ямальского стойбища «Огонёк».
Шли вальяжно и неторопливо,
Словно по улицам Нью-Йорка или Тель-Авива.
А сбоку бежал какой-то зверёк.
Возможно, хотелось ему тёплой крови.
А у нас не было для него даже моркови.
Где-то далеко рылся Терек в теснине Дарьяла...
И зачем я в глубоком детстве вылез из-под одеяла.

***

Собаки в морозную ночь раздувают свой самовар.
Мёрзлых конфеток грызут сахар-мадагаскар.
Так тихо бывает, когда подходит Невидимый Гость.
И тихо незримой рукой бросает восточную кость.
В ней сладость восточных садов.
Грызи, мой хвостатый друг.
Так же ночью полковник Седов
Проглотил свой предвечный урюк.

***

Там, где дорога поворачивает на Туринск,
Стоит среди поля моя голова.
Снег поднимается вверх, опускается вниз.
Голова произносит какие-то слова.
Послушала из машины Брызгалова Света:
«Это, мне кажется, что-то из Ветхого Завета».
Послушали два поддатых агронома
И решили, что это что-то из Завета Нового.
Но знала лишь старенькая паскуда,
Что это слова вообще ниоткуда.

СОДЕРЖАНИЕ

www.ingramcontent.com/pod-product-compliance
Lightning Source LLC
Chambersburg PA
CBHW060624030426
42337CB00018B/3188